덮어놓고 웃었다

덮어놓고 웃었다

시인수첩 시인선 056

채수옥 시집

여우난골

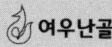

| 시인의 말 |

나의 공동체는 고장 난 세계 너머에 있었다.

| 차 례 |

제2부

1부

선물

너는 낙후된 분홍이고
나는 익명의 보라다

다른 이들은 시뻘건 착란 속에 꽂혀 있다

네게서 바람과 들판이 시드는 걸 보며
나는 흔들리는 밑줄로 서 있다

축하해

한 다발의 잘린 발목들을 안겨주며
너는 웃는다

고마워

안개처럼 살포되는 백색공포에
나는 둘러싸인다

구름 엄마

그러니
이제 그만 쏟아지려는 마음을
주워 담아

변기 속으로 흘려보낸 그 아기는 잊어

아흔아홉 마리의 양을 늑대에게 내주고도 죽지 않고 살아서 한 마리의 양을 짓고 있는 구름 엄마를 봐

미친 사람처럼 그렇게 웃지 마 동굴 같은 입속에서 검은 구름이 흘러나오잖아 숨이 막힐 것 같아 구름으로 빚은 아이는 비를 따라가,

흘러내려

기형적인 꿈속으로
우수수
손가락을 흘리고

침을 흘리고
엄마를 흘리고
변기 속을 흐르다 흩어지는 구름들

마주칠 수 없는 눈빛과 부드러운 깃털은 생각하지 않기로 해 도착할 수 없는 얼굴을 만지려 하지 마 끝도 없는 바닥들, 타이밍이 좋지 않았던 모든 밤들

봐
천지사방 꽃잎을 흘리고 있는
저 허공을

거짓말 속으로 뛰어든 빗방울

움켜쥐고 부셔서라도 꺼내고 말 거야 유리 속 햇빛 입을 찢어서라도 네가 삼킨 그 이름을 꺼낼 거야 네 심장 속에서 더러워지고 있는 나의 이름들 줄줄이 소시지처럼 썩어가는 가벼운 풍문들이 딸려 나오겠지

다룰 수 없는
짐승의 행보로

머리칼을 쓸어 올리던 너의 손가락을 길게 늘여 담장 아래 널어 놓을 거야 새싹이 파릇파릇 돋는다 해도 잘근잘근 밟아 줄 거야

해체의 감정으로

새빨간 거짓말 속으로 뛰어든 빗방울을 꺼낼 거야 막무가내로 깨지고 흘러간 방울방울들을 위해 너의 모든 미래 속에 돌멩이를 던져 넣을 거야

버림받은 이름들이 아름다워질 때까지
변온동물처럼

침착하고 명랑하게 증오의 세포들을 거느리고 끝도 없이 너의 북쪽을 걸어갈 거야 얼어버린 이름들의 체온이 높아질 때까지 한 뭉치의 음악이 될 때까지

주어를 잃어버린 문장처럼
재의 시간 위에 앉아

쭈뼛쭈뼛 다가오는 너의 봄을 맘껏 웃어줄 거야

높이 날아가는 비상구

계단 아래 그 나무는
낯선 생각들의 내부를 갖고 있다

검은 참나무 잎이 교활하게 흔들릴 때마다
광장은 저질스러워지고

어서 와 손을 잡아줄래

계단들은 창백한 오후를 한 칸씩 늘려가고
너의 태도는 염소처럼 일관성이 없었다

쓸모없어진 구호와 파손된 웃음들이
시든 화분 속에서 중얼거리고

국기는 일주일을 기다려
토요일에 본격적으로 물결을 이룬다
토할 것 같은 멀미를 일으키며

뜨거워지는 운명들

얼굴들에 돋아난 신념들은 새를 부풀리고 확장시킨다
높이 날아가는 비상구를 위해

후렴구 같은 햇빛을 내부로 구겨 넣는,
계단 아래
광장을 열면

열병처럼 들끓는 불치병의 만국기와
귓속을 흘러넘치는 코끼리들

토끼 굴에 빠진 토요일의 광장은
쉽게 뭉쳐지고, 흩어지며
깊어지고 있었다

활자중독

읽는 것만으로 배가 불러오는 여자, 초록 뱀을 타고 숲을 날아다니는, 서사 없이 제멋대로 흘러가는 구름은 슬쩍 넘겨버리고, 아방가르드하게 웃는 너를 보면 풀리지 않는 활자들이 쏟아져 엉키고 말아

여기를 들여다봐
담요를 뒤집어쓰고 손전등 속으로 건져 올린 우울들이 밤을 표절하고 있지

의미 같은 건 접어두고 그냥 단풍을 보듯 뒷문을 읽어봐 화끈거리는 얼굴들이 굴러 나오잖아 자음들은 몰래 계단을 굴러 내리고 뒤가 구린 어둠은 더욱 웅크리겠지

뭐라도 읽지 않으면 입안에 가시가 돋는다는 말

그녀의 입속은 밀림이 되겠지 즐거운 연애는 형식 없이 흘러도 좋아, 마침표가 없다면 숲은 무한히 증식하고 초록의 가시들로 우거지겠지

독선적인 활자들

그녀를 끌고 나뭇가지로 날아다니겠지 가지 끝마다 파르르 떨리는 문장들을 걸어 놓고 오지 않는 고도를 기다리겠지 새의 말들은 은유이므로 혓바닥 사이로 건너뛰는 행간을 잘 살펴야 하겠지

종횡으로 활보하는 단어들에게
안녕
모자를 벗어 인사하겠지

죽어가는 빨강에 밑줄을 긋고 오이디푸스 콤플렉스 위를 오랫동안 서성거리겠지 비가 새는 행간 속으로 목구멍을 기울여 활자들을 쏟아놓지

소나기가 퍼붓자 그녀는 말을 시작했다

블랙아이스

들어가는 것 말고
나오는 것이 추하고 더러운 입

혓바닥 밑에 끼어 있는 지층 사이에서 말들은 얼었다 녹기를 반복하고 내리는 눈송이를 혀로 받아먹으며 우리가 도착한 새벽은

결빙 구간

내가 말하는 게 그게 아니라는 말과 표정 위로, 브레이크가 말을 듣지 않는 너의 혀가 달려와 부딪히고 그걸 변명이라고 하는 거냐며 우리는 대화 밖으로 미끄러지고

피가 흐르고
팔다리가 찢겨나가기까지

길 안에 갇혀
진눈깨비에 갇혀

어기적어기적 넘어지고 엉덩방아를 찧으며 그 길을 벗어나려는 사람들이 앰뷸런스를 부르고 혀들이 실려 나가고

우리는 누군가의 앞길을 막는 존재가 되고

혀를 차며 혀를 단속하고, 함부로 놀린 커다란 혀 앞에 위험 표시판을 세우고 길을 정리하고 혀를 정리하고

우리는 여전히
얼었다 녹기를 반복하고

유부

차갑고 말캉한
주머니를 먹고 자라는

비둘기 자세에 대한 공식을 떠올리며
괄호에서 괄호까지 뛰어가는 아이들

사과를 깎고
공포를 깎고
물고기를 깎고
검정깨와 엄마를 섞어 주무르고 뭉쳐

유부 안으로

식사기도의 암송도 없이
혼자 넘는 줄넘기의 반원을 삼키도록

무엇은 곧 완성될 거라는
송곳 같은 믿음으로

맨발을 뒤집어쓰고
밤을 연습하는

머리칼과 빗방울이 엉겨 붙어 범벅이 된
좀비 같은 아이들이

-총알을 닮은 포도알처럼
주렁주렁 열릴게요-

-종아리에 빗살무늬를 새겨 넣으며
잘 벗어 질게요-

주머니를 뱉어내며
주머니 속에서 쏟아지는

자정의 아이들이

우리는 우리(籬)를 구성한다

돼지우리 속 돼지들은 돼지우리를 구성하고 돼지우리 밖 돼지들은 작대기를 휘둘러 때리며 쫓아가 우리 속으로 몰아넣는다

끝없이 처먹고 싸지르기에 여념이 없는
우리 속
돼지들

우리는 우리의 면적을 넓히고 둘레를 튼튼히 엮어서 높이 쌓아, 우리를 지키는 우리(籬)가 된다 둘레만 있는 그림자처럼 끝없이 깊고 검은 뱃가죽을 불러오기까지

우리는 우리 안에서 잠을 쪼개고 잠을 미뤄두고 잠이 없는 종족처럼 밤과 낮을 허물어 함께 반죽한 수제비처럼 일용할 양식을 위해

끓는 물속으로 서로의 살점을 뚝뚝 떼어 넣으며 우리를 지키고 우리를 보존하며 우리를 위하는 일이라고 똘

똘 뭉쳐 견고한 우리가 되기 위해

흘러가는 구름을 하염없이 올려다보며 애초에 우리를 가져본 적 없는 구름 따윈 쓸모없다고 중얼거리며 우리를 벗어나지 못한 채

우리는 우리를 둘러치고
우리 안에서
킁킁

덮어놓고 웃었다

보도블록으로 덮인 길의 중간이 끊겼다 공사하다 남은 것들을 검은색 천막으로 덮어 놓고 통행금지 푯말을 세워 놓았다 무엇이 덮여 있는지 모른 채 덮어놓고 돌아갔다 덮어놓고 길을 걷고 덮어놓고 밥을 먹었다 덮어놓고 오열하고 덮어놓고 섹스를 했다 너는 그것을 덮어놓고 믿었다 물어볼 용기가 없을 때 덮기로 했다 덮어놓고 관광버스에 올라 덮인 사람들과 관광을 떠났다 문제가 발생하기 전에 먼저 덮었다 시간은 덮어놓고 흘러가고 나는 덮어놓고 다음 문장으로 넘어갔다 덮어놓고 저녁이 왔고 우리는 덮어놓고 이별을 했다 덮는 것이 상책이라고 생각했을 때 덮어야 하는 것들은 더 많이 생겨났다 보도블록을 덮었던 검은 천막은 공중에서부터 땅까지 그 너머의 것들을 덮고 있었다 검은 천막은 점점 크고 넓게 퍼져나갔다 우리는 더 멀리 돌아가야 했다 검은색 우산들로 상체를 가린 사람들이 앞장서서 걸어간다

친밀한 타인

꼬치전을 만들었다 명절이므로 길고 가느다란 나뭇가지에 대파를 끼우고 햄을 끼우고 대파를 끼우고 맛살을 끼우고 대파를 끼우고 느타리버섯을 끼우고 커튼처럼 길게 늘어뜨린 나뭇가지에 노을이 끼워지고, 모퉁이 뒤 빨간 지붕이 끼워진 채 나란히 앉아 텅 빈 아버지 옆에 엄마, 사이에 오빠와 나 옆에 동생들이 한 나뭇가지에 끼워져 밀가루를 뒤집어쓰고 허옇게 흩날리며 미끄러지다, 계란 물에 몸을 적시고 눈물 콧물 흘리며 뜨거운 프라이팬 위에서 지글지글, 징글징글 가늘고 얇은 나뭇가지 하나 벗어나지 못한 채 한 줄에 꿰어 비좁은 옆을 탓하고 수상한 냄새를 역겨워하며, 꿰뚫어진 서로를 증오하다 소식을 끊고 꼬치가 익어갈 즈음 한 줄이었음을 깨닫고, 한 줄을 원망하며 대파 다음 햄, 대파 다음 맛살처럼 텅 빈 아버지 옆에 엄마, 사이에 오빠와 나 옆에 동생들이 가늘고 얇은 가지에 꿰어진 채 지글지글 징글징글

유리의 시간

그때,

태양을 밀어낸 자리에 엉덩이를 붙이고 한 무리의 그녀들이 매미처럼 창에 붙어 있었는데 나는 민소매를 입고 흘러내리는 땀을 닦으며 테이블 위에 오래된 집과 손거울과 삼국유사를 세우고 있었는데

밥때를 훌쩍 넘겨
밥을 먹어야 한다며
그녀들이 우르르 유리창 속으로 들어가는데

유리 속에서 숟가락 부딪히는 소리와 국물 마시는 소리 깔깔거리는 소리가 들리는데 나는 테이블 위에 오래된 집과 삼국유사의 위치를 바꾸고 있었는데

유리 밖을 내다보는 그녀와 눈이 마주쳤는데

그녀의 눈 속에서 눈이 내리고 있었는데

유리 속 시간은 알 수가 없었는데

내가 세운 삼국과 오래된 집들이 자꾸만
쓰러지고 있었는데

머리에 수건을 쓰고 어린 나를 업은 채, 물동이를 인 그녀들이 전시되고 있었는데 그녀들이 나를 관람하고 있었는데

시간이 지나도 똑바로 세워지지 않은 나는
낯이 뜨거워지고 있었는데

전람회가 끝나가고 있었는데

COVID-19

하염없이 우거지는 잠이 보입니다 깊게 뿌리내리는 짐승이라고요 매일 다섯 통의 피를 뽑아가니 원인도 모른 채 침대는 야위어갑니다

나를 열어보세요 내용물은 보라입니다 침대 밖 국경까지는 얼마나 남았습니까 얼굴을 뒤집어 보면 줄거리가 요약되나요 나는 아직 전염에 취약합니까

이곳에서 할 일은 단지 잠을 자고 밥을 먹고 똥을 눈 다음, 브리스톨 스툴 차트에 따른 유형을 보고하는 일 나는 아직 액체 타입입니다 소시지 타입으로 진입하려면 얼마의 시간이 필요한 걸까요

나의 잠은 아직 소독 중입니까

우리는 설사 같은 관계라 할 수 있을까요 상식이 액체로 흘러 바닥을 적시는 날이 오면 고글을 쓰고 우주복을 입은 자들이 인간들을 수거해 간다지요

옆구리에 바구니를 끼고 침대에서 굴러떨어진 눈알들을 주워 담습니다 아직 감겨지지 않은 눈빛들을 크고 흰 장갑으로 쓸어내리며

밤의 부피는 점점 늘어갑니다

침대를 열어 보세요 잠들다 지친 엇박자의 날들과, 눕고 일어나 앉는 동작들이 쌓여 날개가 됩니다, 곧 날아오르는 침대를 보게 될 거예요

잠들면 안 돼

우리는 깨어 근신하며 야생의 표정을 지켜봐야 합니다 소리 없이 밀고 올라오는 칸나의 혓바닥에 나는 아직 둘둘 감겨 있습니다 항생제의 날들은 계속되고

뜨거운 이마 위로

눈이 내려 쌓입니다

미로 제작자

밤은 깊어질수록 다정하고 무구하다

(왼쪽으로 돌아서 쭉 가다 보면 세탁소가 나와)

그 길 안으로 들어섰을 때 안개가 차오르고 있었다 어지럼증을 일으키는 꽃의 층계에서 새로 태어난 푸른빛들이 걸어 나왔다

(세탁소를 끼고 오른쪽으로 꺾으면 분홍 슈퍼가 보여)

갈림길 앞에서
머뭇거리는 날들이 많았다

나는 밀고자처럼 바람을 말아 쥐고, 얌전하고 착하게 뻗어 나갈 것 같은 너의 미래를 선택하기로 했다 완곡하게 닫힌 입술처럼 막다른 벽을 숨기고 있는 줄도 모른 채,

귀를 막고
열매들이 터지는 소리를 들었다

(분홍 슈퍼에서 열시 방향으로 조금 내려오다 보면 신발 가게가 나오고)

너는 나날이 높고 울창하게 뻗어 갔다 너에게 도착하기 위해 나는 여러 갈래로 나열되었다 발목이 빼근하도록 걷다 되돌아오는 동안 너는 이미 새로운 곳으로 흘러가고 없었다

(신발 가게를 돌면 탱자나무 울타리가 있고)

누군가 허공 속으로 던져 넣은 새들은 날아가는 방향에서 스스로의 길이 된다 그들은 날개 밑에 고도를 품고 있으므로 늘 허공에 갇혀 있다

(탱자나무 울타리 옆 붉은 벽돌집이 우리 집이야)

나는 안개를 헤치고 골목을 빠져나와 푸른빛 속을 걸었다

붉은 벽돌집은 나오지 않았다

초과하는 오렌지

잘게 썰린 혀들을 유리병에 넣고 켜켜이 설탕을 붓는다 절여지는 순간들, 끈적거릴 것 같은 미래

밀봉된 시간 속으로 빠뜨린 너의 말들이
썩기를 기다리며

나는 좌판 위에 쌓여 있는 오렌지를 고른다 톤이 인상적이고 빛깔 좋은, 긍정적인 방향에서 길 건너를 보고 있던 너를 골라 집으로 돌아왔을 때 예감했었다

초과하는 말들

과잉된 오렌지는 히스테리적이다 다시 한 번 말해 봐가 거듭될수록 혀는 부피가 커지고 무거워졌다 혀에 얻어맞고 찢기고 눌린 각도에서 피가 흐르고

폭발할 듯 노랗게 질려가는
오렌지를 썰기 시작했다

결 따라 문맥을 나누어 칸을 지었다 속껍질은 개연성이 얇아 종종 찢어지고 즙이 흘러나왔다

츄릅

핥아버릴 수도 없는 너의 말들이
나를 초과해 간다

듣는 귀가 모자란 나는 귀를 막으며, 흘러내리는 노을 쪽으로 유리병을 기울여 잘게 썰린 비명을 쓸어 담는다

스노우 볼

부록처럼 눈이 내려
화요일을 가득 채운다

씨를 뿌리지 않아도
눈발은 끊임없이 태어나고 흩날린다

우리의 멜로디는 반복되고

주황색 우산을 쓴 사람이 횡단보도를 건너가고 있다
눈은 그치지 않고

서로를 뒤집어쓰고 눈밭을 뒹굴며
정수리에서 귀밑머리까지 하얗게 덮이도록

푹푹 발이 빠지는 화요일을 걸어
없는 요일에 도착하면

흰 벽

흰 천장
흰 얼굴들

백색공포 앞에서 스러지는
눈송이처럼

신호등이 빨간불로 바뀌고 있다

개와 함께 얼굴 없는 사람이
횡단보도 앞에 서 있다

태엽을 감지 않아도
눈은 내리고

멜로디는 계속되고

겹겹

바구니에서 구르고 있는 이 목소리는 누구의 것인가
언젠가 들었던 것 같은, 선홍빛 잇몸 사이에서 쏟아지는
학대받는 빗소리

기울어진 코와
안개가 흘러나오는 입술
뼈를 뒤집는 눈빛

나야 나

기억나지 않는 잠 속을 날아다니는 유령들, 문 닫은
동물원, 울고 있는 토마토, 모자 쓴 구름들 사이,

더욱 간절해지는 얼굴

너의 안면이 장애이거나
이곳이 장애이거나

서로를 알아볼 수 없는 얼굴들이 마주앉아 함께 밥을 먹으며, 꼭 만났던 사람 같은 기분으로 희미하게 웃으며

알고 있는 척
주머니에 한 손을 넣고 뿔뿔이 흩어지는 눈 코 입을 맞추며

도통 떠오르는 않는
너 같은 나
여기 같은 거기

실시간

혐오는 네 번째 칸에 들어 있다 혐오 속에는 들판을 가로질러 온 까마귀 울음들로 가득하다 사랑의 온도계 속에 담긴 것은 부서지는 조각구름들뿐이므로 순위 밖으로 밀려나고 한 끼 줍쇼가 새로 링크되었다

이름 위에 이름, 위에 아내의 맛, 위에 이름, 위에 오이디푸스적 동일화, 위에 이름, 위에 생로병사. 위에 이름, 위에 거울단계, 위에 이름, 위에 강풍 조심, 위에 자살 사이트, 위에 이름, 위에 죽음

밟고 올라서는 것들의 뜨거운 발바닥
돌멩이처럼 박혀 있는 이름들

그 아이의 이슈는 낮에 본 지렁이였다 지렁이를 벗어나기 위해 지렁이에게 골몰한다 아이는 생각 밖에서 놀고 있던 놀이터를 가져온다 놀이터를 펼치고 친구를 세워 놓는다 함께 미끄러지는 미끄럼틀 위에 뜻밖의 지렁이 그네 밑에 지렁이 친구 얼굴 위에 지렁이 점점 커지는

지렁이 미끌거리는 지렁이, 축축한 지렁이, 지렁이로부터 도망치기 위해 지렁이들이 동원된다 온갖 지렁이들로 가득한 뇌가 상위권에 꽁꽁 묶여 꿈틀거리는 아래

시시포스의 돌
아래
너
아래

맨 아래 칸으로 걷어차인 나, 위로 단숨에 올라서는 너, 위로 굴러 올라가는 돌, 돌의 향방을 조작하는 손, 조작되는 출입문, 조작된 기억, 조작된 지렁이

엎치락뒤치락
뒤집고 뒤집히는

실시간으로 빠져드는 아비규환의 탑

걷는 사람

회색 슈트를 입은 김대현 씨가 건물 안으로 들어간다 어깨에 멘 가방 속에서 함부로 쑤셔 넣은 서류뭉치가 흘러나오고 서둘러 접어 넣은 늦은 밤이 형광 불빛 속을 함께

걷는다

어떤 사명처럼 난간 위를 걷는 절박함과 끝없는 바닥을 기어가는 기분으로 절대 뒤를 돌아봐서는 안 되는 소돔 성 롯의 아내처럼

소금 기둥이 되어
뒤로 걷던 대현, 현대의

민낯을 본 사람은 아무도 없다 그는 무엇에 홀린 듯 걸을 뿐이다 13월의 봉우리에서 눈사태를 만난다 해도 걸어 올라가야 하는 대현, 현대의 눈썹과 코털과 턱수염에 고드름이 열려도

가방을 엑스자로 메고

대현, 현대는 제멋대로의 바람을 절벽에 거는 일과, 코끼리와 앵무를 섞어 새로운 종을 발명하기 위한 보고서를 작성하는 일에 시간 외 시간을 빌려 쓰고 밤을 소비한다

대현은, 현대를 선호한다

걷다 보면 언젠가는 현대에 도달할 수 있다고 생각한다 미궁과 비명에 싸인 여러 개의 장면들을 잘라내서 플라스틱과 비닐의 시간들을 기록하는

야근의 밤은 팽창한다

훌라후프

어둠을 헤치고 언덕에 올라 훌라후프를 돌리는 엄마들 얼룩이 묻은 아버지를 허리에 두르고 우주를 두르고 도넛 속에서 우리를 낳아 설탕에 굴리며

팔짱을 끼고 검은 둘레 안에서
아버지의 고리 안에서

스르륵 언덕이 흘러내릴 때까지 창백한 허리가 잘록해질 때까지
태양은 떠오르지 않고

안개에 싸인 이파리들 사이로 알몸의 여자가 엎드린 채 언덕을 헤엄쳐 오고 여자의 머리채를 돌리며 엄마가 돌고,

돌아서 허리가 없는 엄마가
털썩 주저앉을 때쯤

텅 빈 훌라후프 속으로 태양이 꽉 채워지고

동쪽에서 서쪽으로
내가 있는 곳에서 네가 있는 곳으로
훌라후프는 돌아가고
세상의 엄마들이 다 돌아버릴 때까지

고리들은 태어나고

보로메오 매듭처럼
아버지와 엄마와 우리는 풀려날 수 없는 원형감옥 안을

맴돌고

칠판

풀밭은 나날이 퇴색되어 갔다 왼쪽 귀퉁이에 적힌 친구들 이름처럼 잡초는 대부분 오른쪽 방향으로 흘러 정체된다고 생각했다 우리는 종종 풀밭 속에서 길을 잃었다 풀밭의 공식과 풀밭의 개념 속에서 약분되어 사라지고 실험실의 구름처럼 흩어지기도 했다 풀밭은 강요된 어둠으로 깊어 가고 머리를 덮을 만큼 무성해졌다 풀밭에 빠져 죽었다는 친구들이 점점 늘어났다 풀밭을 주목해야 한다고 힘주어 말하는 선생이 목격되기도 했다 풀밭의 진로와 방향과 풀밭으로써의 목적에 합당한 성공적인 풀밭의 삶에 대해 설명하곤 했다 멍하니 밖을 내다보다 죽은 친구들이 풀밭 가득 염소를 풀어 놓았다 귀퉁이에 적힌 이름과 교훈을 뜯어먹으며 염소들이 풀밭을 채워갔다 풀밭은 제멋대로 흘러갔다 흔들리고 싶을 때 흔들리고 눕고 싶을 때 눕고 일어났다 가끔 염소들은 연한 뿔을 맞대고 싸우고 욕하며 염려하지 않아도 풀밭은 확장되어 갔다 선생이 말하는 풀밭다운 풀밭은 형성되지 않았다 그냥 풀밭일 뿐이었다

서른아홉

비가 내린다 모든 창문들이 젖는다 누군가의 비명이 뭉쳐진다 희미한 얼굴 하나가 창문에 붙어 흘러내리는 중이다 녹슨 틀을 갖고 있는 창문은 열리지 않는다 저 창 안에서 무엇이 부글거리는지 나는 모른다 비는 그치지 않고 웅덩이는 더욱 깊어진다 나는 얼굴 없는 채로 웅덩이 속을 나와 알 수 없는 곳으로 가고 있다 자꾸만 쓴맛이 난다 쥐똥나무는 타오르지도 못하고 주저앉지도 못한 채 파르르 떨고 있다 낯익은 아이가 울며 따라온다 나는 걷는데 열중하느라 아이를 보지 못한다 아이가 길 밖으로 점점 휘어지고 있다는 걸 알아채지 못한다 귓속으로 장대비가 차오른다 앞서 걷는 노인은, 귀가 없는 노인은 아무리 불러도 대답이 없다 노인의 몸이 빗줄기에 감겨 휘청거린다 목줄에 매인 개가 모르는 사람과 함께 내 옆을 지나간다 나는 앞뒤로 휘어지며 휘청거리는 빗속을 가고 있다 눈을 감아도 투명해지지 않는 시간들이 계속되었다

이월

어둠은 우리를 녹여서 단추와 비누를 만든대* 단추 구멍 속으로 방금 누가 지나가는 게 보여 보라색 망토와 검은 장갑을 낀 얼굴 없는 것이

화덕 위 고구마처럼 등이 뜨거워지면 겨울은 다 구워지고 깨진 무릎에서 동백이 피어나 똑같은 패턴으로 번지기 시작해

메디팜을 붙이면 새날이 돋아날까

작별 인사는 괄호 속에 넣어 두고 상자 속으로 들어가 무릎 사이에 얼굴을 묻고 스쳐 지나가는 것들에 대해 생각해

전월이월로부터 개나리는 피기 시작하고
우리의 공백은 차월되고

살얼음 낀 골목은 지명수배자처럼 꼬리를 감추고 있지

스멀거리는 겨드랑이에서 곧 날개가 돋아날 것 같아 가지를 흔들며 간지러움을 참고 있는 나무들

이월을 녹이면
새싹이 될 꺼야

우리만의 법칙으로 수용소 담벼락 같은 이 밤을 견디고 나면 봄은 거기 있을까

조슈아
그만 상자에서 나와 더 깊은 겨울 속을 걸어가렴

* 영화 '인생은 아름다워' 대사 중 변주.

알람을 꺼줄래

비가 내리는 금요일 밤과 토요일
사이
찢어지고 있는 새들을 꺼내 줄래

나를 날려 보내 줄래

방충망에 붙어 시끄럽게 울어대는 저 알람을
소금에 절일 수만 있다면
엿가락처럼 늘어지는 이 여름을
오랫동안 먹을 수 있겠다

폐기된 시간으로 설정해 줄래

뒤집히는 원피스 자락처럼
세계 밖으로 불어 가는 바람은 그냥 내버려 두고,
문밖에 내놓은 짜장면 그릇처럼

더러운 이곳을 꺼버릴 수 있다면

귓구멍을 틀어막아도 들려오는 소리들 좀
꺼줄래

허튼 신념과 철 지난 문장들로 떠들어대는 저 소리들
닥쳐 줄래

베개 위로 수북이 쌓여가는 결말을 모르는 꿈들
깨어나지만 않는다면

나는
나의 결말을 알 수 있을 것 만 같은데

쉿!

비밀의 방

웃음이 끝나갈 무렵

나는 또 이빨 없는 악어를 갖고 싶었다 안아주고 쓰다듬기 좋은 피부가 될 때까지 마음으로 생각하고 입으로 시인만 하면 무엇이든 얻을 수 있는

전선으로 둘러싸인 천장과 바닥 사이에서 나는 생글거리며 끓고 있는 순두부를 먹고 양손 가득 파도를 쥐고 있는 아이를 낳고 싶었다

화단에 심어 놓은 물고기가
주렁주렁 열리기를 기다리며

벽 속으로 발을 뻗는 압정은 짐작이나 했을까 머리가 납작해지도록 벽을 버티고, 버티다 씹던 껌처럼 벽에 붙어버린 자신을

혼자 남은 방에서 별빛처럼 깜박이는 커서를 타고 고

통 없이 죽는 법, 이카루스, 카시오페이아 자리로 건너뛰며, 바람을 끌어다 바닥을 짓고 벽을 세우다

화들짝 잠에서 깨듯
두꺼비도 살지 않는 두꺼비집만 내리면 허공으로 사라지는

이곳에서 태어난 나는 비밀의 중독자 계단을 끌고 벽 속으로 들어가 은밀한 밤을 날아다녔다 지하에서 끌어올려진 진짜 같은 물고기를 나무에 매달며 가짜 같은 네가 진짜 같은 천사를 낳으며 컵라면처럼 후루룩 삼켜지는 줄도 모르고

칼이 우거지는 마음으로
뿔이 자라는 손으로
굴러떨어지는 눈알을 주울 수도 없는
여기

미술교실

여러 색의 밤을 접었다 펼친다
어둠이 손바닥에 묻어나는 것도 모르고

사람이라 생각하고
머리부터 오렸다

달아나려는 다리를 붙잡아
가랑이 사이로 가위를 밀어 넣었다

벌린 허벅지 속에서 방울 달린 머리띠와
색연필이 굴러 나오고
늑대가 울었다

색지를 펼치자

우르르
아이들이 따라 나왔다

한 아이가 한 아이를 일으켜 세우듯
벌린 양팔에서
똑같은 아이들이 자꾸만 태어나고 있었다

한 아이를 접어
한 아이 속으로 넣었다
접힌 아이 속으로 또 한 아이를 접어 넣자
똑같은 그림자들이 생겨났다

자꾸만 태어나려는 아이들과
접힌 아이들

사이

여러 색의 밤과 아이들이 내게서
뚱뚱해지고 있다

엄마가 사라졌다

여주행 버스를 탔을지 모른다 조물조물 콩나물을 무치고 있을지 모른다 앞치마를 말아 쥐고 구두를 닦고 있을지도 모른다

죽은 아버지가 여주에서 콩나물 무침을 먹고 윤이 나는 구두를 신고 태화공업사로 출근 중인지도 모른다

엄마는 끝없이 여주로 가는 중이다 어제부터 여주로 가고 있었는지도 모른다 태초부터 여주행 버스를 기다리고 있었는지 모른다

'아버지가 그렇게 보고 싶어' 묻는 말에
'감사합니다 꽃이 폈네'

시큰둥한 동문서답 속에 아버지가 있고 쉬어버린 밥그릇 속에 끌어안은 보따리 속에 있다 전화번호가 새겨진 목걸이 속에서 아버지가 발톱을 깎고 있다

죽은 아버지가
엄마 앞에 엄마 뒤에 엄마 옆에 엄마 위에 엄마 밑에 있고

우리는 없는 아버지를 들고
사라진 엄마를 쥐고
아버지를 벗어나고 있는지도 모른다

꽃이 지고 있다

잊혀진 고슴도치

종아리가 두드러기로 불타는 중인데

잘못하면 엉덩이로 옮겨 붙을 수 있다는데

침을 맞으면 끌 수 있다는데

커튼 안으로 따라 들어가 침을 꽂고 누웠는데

'잠시 계실께요'

한나절은 족히 지난 것 같은데 벌떼가 병실로 쏟아져 내리는데

종아리에 꽂힌 침이 몸속으로 빠져들고 있는데

'거기 누구 없어요'

텅 빈 월요일은 대답이 없고 명찰들은 전화 중인데

침은 엉덩이를 지나 가슴 쪽으로 뻗어 가고 있는데

커튼 너머 소각장에서 불꽃은 활활 타오르는데

고름처럼 누런 한낮이 녹아내리고 있는데

의사는 오지 않고 복도는 점점 창백해지는데

침은 침들을 집어삼키고, 몸뚱이를 삼키고 자꾸 뚱뚱해지는데

북쪽의 둑이 무너지고 있는데

제2부

한 방울의 까마귀

검은 외투 밖으로 구름을 흘리며

온몸이 시커멓게 타들어갈 때까지

일생 토해내도 다 꺼낼 수 없는

죽어서도 생겨나는

한 방울의 선언문 같은

까악—

불필요한 침묵

입안 가득 물고 있는 물고기를 토해내 봐 어떤 증상처럼 파닥거리는 실마리가 잡히겠지 물고 있던 침묵에 비늘이 돋아날 거야

침묵이 금이 되는 걸 본 적 있니

우두커니 서서 죽었다고 생각했을 때 뭉텅뭉텅 하얀 말들을 거침없이 쏟아내는 목련나무를 봐 온 우주를 돌아와 기어코 하고 싶었던, 끝내 해야만 했던 말

묵묵부답은
바위의 구조일 뿐

꽁꽁 묶여 감금당한 그날의 시간들에 대해 얘기해 봐 물속에서 마른 뼈들이 풀어지는 미역처럼 산란하는 햇빛처럼 바위를 열고 침묵을 꺼내 봐

잠복해 있던

어둠이 쏟아져 나올 거야

강요당한 별빛과 달빛 사이에서 여자들의 입술이 뭉개지고 찢어지고 있어 초고처럼 어설픈 입장으로 울음을 삼키겠지

입속에 백만 마리의 물고기를 물고
돌이 되어라

불필요한 주문을 외우겠지

예의

재의 몸을 담고
사각형 안에 진열된 항아리들

나는 저 잿더미 속에서 태어난 것만 같고
맨들거리는 표면을 미끄러져 들어가
가루가 되고 가루를 뒤집어쓰고 가루를 날리며
기껏 가루를 낳을 것만 같고

가슴에 안고 쓰다듬으면
펑! 지니처럼
꼬리를 흔들며 죽은 동생이 공중으로
솟구쳐 오를 것 만 같고

끝도 없는 죽음들이 층층이 사는 곳

늦은 저녁이 되어서야 사각형 속으로 밀가루 같은 어둠을 이끌고 재의 시간들이 귀가하고, 리코더를 불며 가방을 멘 아이가 따라 들어가고 각각의 사각마다 환하게 소복이 켜지고 마을이 되고 단지를 이루어 가며 101호에서 1004호까지 서로 다른 애도와 숙연함을 장착하고

죽어도 복원되지 않는 관계들 곁에서

상처 받기 위해
지하를 택한 푸른 죽음을 담고 있는 항아리 곁에서

혹은

흰 붕대들의 배열 앞에서

탈락되는 계절

1

가 호루라기를 불며 숲으로 간다
긴 머리채처럼 흘러 다니는 바람 속으로 아이들을 불어 넣는다

2

이 새벽에 돌아왔다
어지러운 불빛과 음악이 쟁반 위를 굴러다닌다
퇴고할 수 없는 밤이 계속된다

3

는 유모차를 밀며 아파트를 빠져나간다
헐거워진 목구멍으로 핏빛 노을이 올라오자 심장을 기

울인다

새끼들이 한꺼번에 쏟아진다

4

은 꽝 문을 닫았다

일방적으로 찾아온 겨울이다 수면제를 먹고 노란 코끼리를 낳는다

톡톡

진공의 방이 도착한다

빨갛고 물컹한 것들로 꽉 찬
꿈속을 두드린다

톡. 톡
말들을 던지고 받으며 잠 속에 빠진 나를
끌어올리려 한다

나는 막 호수 옆을 지나가고 있는 중인데
입 없는 물고기에게 식빵 조각을 던져주고 있었는데
붉은 소나기가 쏟아지는데

주인 잃은 개들이 뭉개지고
파문 하나에서 생겨난 얼굴로부터
더 큰 얼굴들이 생겨나 퍼져나간다
먹다 남은 빵가루들이 호수 위를 떠다니고

뼈만 남은 시체들이 떠오르는데

수영이 금지된 호수에서
동시다발적으로 튀어 오른 물방울들이
머리맡에 쌓여
톡. 톡 삭제되는 나를 건너가는 중이다

자면서도 자꾸 한숨은 나오고

사라지는 것들에 대해 깊이 생각하는 사람처럼
옆으로 등을 말고 한 손은 턱을 괴고 누워

푸푸 열리지 않는 밤을 두드린다

원형극장

아삭한 극장 안으로 껄렁대는 바람을 데리고 햇빛이 들어간다 우리는 해가 지도록 정신 줄을 놓고 햇빛 쪽으로 몸을 구부려 원형을 이루며 익어갈 준비를 한다

햇살을 두드리고
바람을 다독이며

푸른 커튼이 열리고 한 무리의 우박처럼 소년들이 등장하면 희극이 예상되는 박수를 치다 까칠해진 주먹 안으로 피가 흐르고 우르르 오토바이를 타고 막다른 골목을 날아 구름 속으로 퇴장하고 나면

리어카 가득,
사과를 싣고 사과 속으로 들어와 사과를 팔며
육신을 녹여
달콤하게 원형극장을 채워가는 당신,

새콤한 품속에서 생겨난 벌레 네 마리 갈래갈래 찢어

진 바람의 꼬리를 잡고 살 속을 기어 폭신한 등에 이빨을 박고 천천히 당신을 갉아먹으며 당신의 길을 지우며 당신의 길을 걷다

양 떼들이 집으로 돌아가고
사이렌이 울리고

긴 침묵과 흰 울음으로 뭉쳐진 원형극장 밖으로 사과나무가 불타오르면 절정으로 익어가는 3막이 시작되고 사과는 쪼개는 것이 아니라, 정면에 문을 달고 문을 열고 사과 속으로 들어가

특수분장과 대본도 없이
열연하다
터질 듯 붉은 얼굴로

툭
떨어지고 마는 것

우리는 점점 모르는 사이가 되어간다

너 아직 살아있니

흐린 불빛에 기대고 서서 그는 모르는 간판 속을 흐르는 중이다 감상할 풍경이 없다는 듯 구석으로 고개를 돌리고 혼밥 전문점에 저녁밥을 주문한다

잎사귀 속은 고요하다 타닥타닥 빗소리 같은 자판기를 타고 열아홉 번째 계단을 오르는 중이다 바람의 무늬를 본 적 없다 무지개는 언제 떴다 지는 줄도 모른 채,

그래 얼굴 한번 보자

얼굴 없이 밥을 먹고 얼굴 없이 사랑하고 얼굴이 없어도 배달은 가능하므로 보여줄 얼굴들이 지워지고 있다

나도 그냥 살아

먹장구름처럼 무거워진 나는 깨진 빗방울처럼 손 밖으

로 흘러내리는 나를 끌어모아 전송 중이다 첨부할 얼굴은 없고 화면 가득 파도가 친다

혼술하는 밤

화면 속의 개미들이 줄지어 가고 있다 나는 그 개미들의 행렬 속으로 슬쩍 끼어든다 머리통과 머리통을 맞대고 피 터지게 걷다 보면 서로의 피 냄새쯤 향기로울 수도 있겠다

순식간에 화면이 바뀐다

그곳이 열리자

한꺼번에 쏟아졌다

들끓고 있는 사람들이, 비명횡사한 언어들이 쏟아져 내렸다 니코틴이 묻어 있는 입술을 지우며 바람은 절벽 아래로

사라졌다

신발이 사라지고 술래가 사라지고 엉겅퀴 숲이 사라졌다 일요일이 사라지고 불면에 시달리던 창문들이 맨 앞에서

울기 시작했다

산책하던 개가 울고 한순간 잃어버린 이름들이 울기시작하자 무명의 꽃들이 일제히 따라 울었다 비틀린 계단 위로 잘린 발목들이 굴러떨어지고 아침은 영원히 오지 않았으므로

우리는 웃었다

어처구니없는 결말에 대해, 주어가 사라진 화장터의 불꽃들이 미친 듯이 웃었다 하늘이 웃고 땅이 웃고 목젖이 찢어지도록 웃었다 구경꾼처럼 펄럭이던 까마귀들이 웃자

이곳이 닫히기 시작했다

멍든 자욱이 스르르 닫히고 흰 나비의 날개가 닫힌다 축축한 이마를 쓸어 올리자 파란 피의 문장들이 피어오르고

밤은 입을 다물었다

고장 난 해변

비와 수평선 사이 너는 출렁이는 문장이다 시시때때로 철썩이므로 확정할 수 없는 문장들이 문장을 밟고 문장을 밀며 한꺼번에 들이닥친다

들어올래

발작적으로 밀려오는 파도 속에서 너는 웃는다

멀지 않아

모래 속으로 뿌리내리길 기다리는 갈매기처럼 나는 천 가닥으로 갈라지는 환멸이었으므로 시퍼렇게 열린 입속을 달린다

지겹도록 도망쳐봤다
끝없이 밀려오는 수평의 세계

세계의 욕조 밖으로 바다가 넘친다

파란 공백이 웃는다 출렁이는 너의 공백 속으로 나를 던져 넣는다 소란스런 세계가 고요해지는 곳으로 한 줄로 폐기된 내가

떠밀려 간다

충동적인 비는
후. 두. 두. 두 난사를 시작하고

방어의 기술

왼쪽에서 오른쪽으로
울타리를 치시오

품귀 현상이 일어날지 모르니
재빨리 울타리를 선점하시오

캐리어에 숨겨서
울타리를 반출하는 것을 적발할 것이오

지워진 입으로 사랑한다고 말할 수 있나 왕관의 모습을 닮은 신종 바이러스는 내 안에 잠복 중인 당신이라고 말할 수 있나 치명적인 사랑의 잠복기가 이 주일이라면 너무 성급한 것인가 나는 지금 겨울 속에 누워 자가 격리 중인가 당신은 호시탐탐 다른 사랑을 엿보나 사랑은 움직이는 것이라는 말을 믿고 있나 손바닥만 한 마스크 따위로 소리 소문 없이 번져가는 위협적인 당신의 사랑을 어떻게 막을 수 있나

울타리를 착용하고 외출하시오
침방울을 봉쇄하시오

바람둥이 바람과 고양이와 햇빛과 들쥐들이 넘나드는 울타리는 무엇을 봉쇄할 수 있는가 민들레의 왼쪽 귀에서 해바라기의 오른쪽 귀까지

울타리를 치시오
향기를 봉쇄하시오

캐리어 사용법

캐리어에 담긴 것은
욕설이고
쿡쿡 찔러대는 옷걸이고
쏘아보는 눈빛이고
엎어버린 밥그릇이고
분홍 뺨에 스치는 번갯불이고
몽둥이고
구석으로 몰린 울음이고
멍든 피부이고
의붓의 작은 목숨이고
때리는 손이고

가족들은 하하하 명랑하게 여행을 떠나고

너를 담고 있는 캐리어는 빈방에 방치된 작은 감옥이고
무덤이고

바닥을 온몸으로 굴러서

우리 앞에 도착하고

칭얼거리는 어둠이 쏟아져 나오고
끝도 없이 흘러나오는 만장(挽章)이고

우리는 각자의 캐리어를 끌며 이곳으로 왔고
브이를 그리며 인증 샷을 남기고

붙잡힌 시간을 꺼내 보는 눈 속으로
폭설은 내려 쌓이고
듬뿍 얹힌 생크림처럼 서로의 눈을 퍼 먹으며
오장육부를 닥닥 긁어 항문에 이를 때까지

텅 빈 캐리어가 되고

윤곽

도면을 펼치자 뭉쳐 있던 선들이 쏟아졌다 그것들은 사방으로 뻗어 나가 나무가 되고 상자가 되고 물결무늬 스카프가 되고 돌아오지 못하는 것들을 묶고

버려진
녹슨 철근처럼

윤곽을 이루며 밤의 선들은 다정하게 구부러져 얼굴 위에 빗금 하나를 더한다 빗금 속에서 자라나는 어둠을 만지며 나는 알지 못하는 나에 대해 고백한다

이어폰을 끼고 죽음을 듣는 맨발의 흰 소녀들
바다의 일부가 되어 수평으로 사라지고

포토라인 안에서 두 손을 모으고 담장을 잘못 선택한 고양이처럼 라인 밖으로 밀려나던 그림자들은 도면 안으로 모이고

직선 끝에 매달린 밧줄을 흔드는
바람,
둥그렇게 말아 쥐고 목을 밀어 넣고 싶을 때가 있었다

빗방울이 핏방울이 될 때까지

윤곽이 드러날 때까지 얼굴선을 더하고 초록 뱀을 지우고 돌돌돌 도면을 말아 겨드랑이에 끼고 황급히 달리는 사람들 그곳으로 건너가기도 전에 벗겨진 신발 한 짝 횡단보도 하얀 선 안에 갇혀 비를 맞는다

속으로 빗물이 차오를 때까지

식물공장

곧 보낼게

공장 안의 햇빛과 공장 안의 바람과 공장 안의 온도를 맞춤제작해서 오늘 중으로 발송할게 똑똑 고추를 따고 방울토마토를 따고 마개를 따고

딸 수 있는 것들을 공장에 넣어 보낼게

언니들을 따가던 등 뒤의 손들은 어디로 사라졌을까 공장을 열고 닫을 때마다 언니들은 귀퉁이 한쪽 쑥갓처럼 아직 공장을 견디고 있을까

싹뚝 공터를 잘라서 보낼게

바라만 봐도 생식선이 자라는 비둘기처럼
우후죽순 태어나는 빈터의 바람처럼

공장을 바라봄으로 공장은 성숙하고 공장은 공장을

사랑하고 공장은 공장을 낳고, 낳아 빽빽하게 들어선 공장들에게서 상추를 솎아내듯 공장 몇 다발 뽑아 로켓배송으로 보낼게

죽을힘을 다해

공장을 소화하고
공장이 되어가는

공장 안의 너희들에게

젤과 텔

가마솥 뚜껑을 열자 숲이 솟아올랐다 늑대가 울 때마다 새아빠가 생기고 얼굴 없는 엄마는 장바구니 가득 새아빠의 양말을 사왔다 젤과 텔은 양말 속에 들어가 비명이 되었다 새아빠는 곁눈질에 능통했다 힐긋거릴 때마다 젤과 텔의 옆구리에 시퍼런 연못이 생기고 나무들은 연못 속에서 거꾸로 자랐다 가끔씩 없는 엄마의 손이 떠올라 젤과 텔의 옆구리를 쓰다듬자 시퍼런 연못은 온몸으로 퍼졌다

빵조각은 필요 없었다
새들의 입은 새아빠보다 빨랐으므로
엄마에게 가는 길이 지워졌다

햇빛은 쓸모없이 시들었다 젤과 텔은 새아빠와 함께 긴 시간을 보냈다 그늘이 닳아 없어질 때까지 엄마는 오지 않고 새아빠의 크고 거친 손가락은 길게 자라나 숲을 비틀었다 잠들었던 어린 짐승과 벌레들이 쏟아졌다

'가만히 있어봐'

짧은 문장은 힘이 세고 미식거렸다 젤과 텔은 가만히가 흘리는 울음을 뒤집어쓰고 가만히를 참으며 가만히를 증오하며 가만히 있을 수 없어 가만히를 읊조렸다 엄마는 장바구니 가득 새아빠의 팬티를 사왔다 젤과 텔은 팬티 속으로 들어가 녹슬어가는 철봉에 거꾸로 매달렸다 뒤집힌 새아빠를 낭떠러지로 밀어버리는 꿈을 꾸었다

뿌리처럼 길게 뻗어 나온 손가락들이 젤과 텔을 친친 감았다
숲은 무성해지고 새아빠들은 자꾸만 탄생된다

발칵

뒤집힌 것들 속에서
알 수 없는 것들이 날아오른다

손으로 얼굴을 가렸다

넘치는 얼굴들을
먼 곳으로 돌리는 사이

나방은 우리를 향해 전속력으로 날았다

소란스러움의 유전자를 가진 발칵은
천개의 손톱을 달고 돋아났다

할퀸 곳에서
너의 뒷면이 반전처럼 드러날 때마다
서로의 눈빛이 빛나고

우리는 뜻밖으로 흘러갔다

호러영화 같은 국면 속에서
모닥불이 타오르고

우리의 단합은
다소 서정적으로 돌아섰다

진실한 고백은
계속 오른쪽 방향으로 흐르고

단합은 끝내
이루어질 것이라고 믿었다

이따금씩 발칵,

불꽃을 내뿜는 모닥불이
우리의 단합을 해치고 있다고 생각한다

진료실

찝찝한 기분을 떨치세요 돌돌 말리는 양말의 오기 우리는 지속될 수 있을까요 꽃과 벌의 관계 양파와 칼의 관계를

종양처럼 뿌리내리고 있는
저 달빛

약을 끊으세요

엉덩이를 까고 달빛을 얇게 펴 바르세요 스며들 때까지 마사지하듯 문지르면 낮은 지붕이 흘러내릴 거예요 자를 수 없는 비명과 매복한 시간들이 깨어날 거예요 스테로이드를 끊으면 억제되었던 몸속 폭풍들이 빠져나옵니다 밥을 물고 자두나무 밭으로 가던 어릴 적 습관을 버리세요 나무 아래로 몰리는 낙엽의 적폐를 그냥 두실 겁니까

낮고 조용하게 퍼지는 불륜 드라마처럼 옆으로 번지는

당신들은 참을 수 없는 가려움입니까 골무를 끼고 긁으라니요 새로운 음역대를 오르내리는 불협화음들을 골무 따위로 잠재울 수 있다고 생각하십니까

끊으세요 제발
햇빛
돼지고기
관계
꽃가루 같은
당신을

흐린 날

앞이 잘 보이지 않는다 허공에서 뿌연 것들이 흘러나와 내 얼굴에 들러붙는다 축축하고 매캐한 입자들이 눈속으로 콧속으로 입속으로 흘러들어 나는 비릿해진다 죽음보다 깊이 나는 스며든다 거리의 나무들은 유령처럼 서 있다 아무도 받지 않는 전화기 속에서 물소리가 흘러나온다 탱자나무 울타리에서 죽은 새가 날아오르는 것이 보인다 끈적거리는 날갯죽지 위에 없는 하늘을 얹고 뿌연 것들 속으로 빠져든다 내 몸에 새의 부리가 박힌다 이런 날은 종종 꼬리 없는 소문들이 강둑을 흘러 다녔다 저수지에 떠오른 얼굴 없는 시체와 야반도주한 여자의 척척한 이야기들을 삼삼오오 모여 꾹 비틀어 짜면 악천후 같은 물고기와 죽은 새들이 쏟아졌다 그것들은 예언서처럼 뿌옇고 매캐하게 차올라 군락을 이루며 시장에서 우체국까지 넓게 퍼져나갔다 뿌연 것들 속에는 온전한 것이 없었다 온전한 것들은 처음부터 없었지만 뿌연 것들 속에서 왜곡된다고 믿었다 나는 늘 열한 시 방향에서 굴절되었다 죽은 새의 부리로 없는 번호에 전화를 걸며 나는 흐린 날 속을 걷는다

명화의 탄생

개양귀비는 공장에서 태어났다 규격 60×80센티미터 클로드 모네의 눈길과 붓 길이 닿았다는 표정으로 최대한 비슷한 색채와 느낌으로 생산되었다 클로드 모네가 보았던 아르장튀르의 언덕은 저렴한 값에 우리 집에 왔다 오늘 밤 더 많은 명화들이 그림 공장에서 가방을 찍듯 태어난다 '꽃병'과 '수련이 있는 연못'이 공장 안으로 들어간다 그 뒤로 '양산을 쓴 여인'이 들어가고 '별이 빛나는 밤'이 들어간다 우리 집 뒷산 진달래는 따라 들어가지 못한다 들판에서 비 맞으며 오돌오돌 떨고 있는 코스모스와 벼랑 끝에 서서 놀란 가슴으로 휘어지고 있는 저 소나무도 들어가지 못한다 돈만 되면 무엇이든 철커덕철커덕 찍어내는 이곳에서 나는 산모퉁이에 핀 며느리밑씻개처럼, 팔리지 않는 그림처럼, 읽히지 않는 책처럼 서성인다 너는 공장에서 태어난 명화 앞에서 지그시 눈을 감고 우아하게 차를 마신다

환절기

복도를 버려두고 아이들이 돌아갔다
창문에 붙어 있던 나비의,

어깨가 들썩거렸다 기침을 열고 동백이 튀어나왔다
방울토마토 같은 눈알들이 내 옆에 쌓인다

문자가 왔다

우리는 당분간 격리될 것이다

서둘러 핀 계단과 얼어 있는 목소리 사이에서
우리는 우리를 지연시킨다

아이들은 지하 노래방으로 내려가고
나는 뜨거워진 이마를 방치한다

외우지 못한 이름들은 동백을 따라가고
꽃밭은 좀처럼 바뀌지 않는다

조금씩 목구멍이 헐린다

울타리를 드나들던 고양이 뱃속에
달이 차오른다

리본에 묶인 아이들을 싣고
버스가 오고,
가고.

계절은 감쪽같이 스몄다 빠져나간다

풍경을 깁습니다

눈을 뜨고도 자주 꾸게 되는 악몽 옆에 흰빛을 두었다 신화는 싱거워진 표정으로 형벌을 노래하게 하고 가능의 불가능 속으로 일개미들을 쏟아붓는다

나는 부서진 노을 속에 앉아 저녁을 짓는 사람

양떼들 속에서 염소를 골라내는 일
알곡과 가라지를 함께 두는 일

너는 양손 무겁게 폭우를 들고 왔다 부재중인 상담원 대신 네가 놓고 간 폭우를 뒤집었다 떠내려간 돼지와 복숭아와 절규를 버무려 바나나의 미래를 짓는다 갈색 점이 돋아난 풍경을 벗겨내어

나는 마(馬)방을 열었습니다

말을 넣어줄 수 있나요 패배의 기억으로 21세기를 횡단하는 말 확률을 높일 수 있는 말 뒹구는 소주병처럼

쓸모없어진 혀와 바꾸어도 좋습니다 죽음이 드리워진 입안에 터지도록 낡은 바람을 밀어 넣고 얼굴이 찢어질 때까지 달리는

천지사방 뿌려지는 말똥처럼
형편없는 태양처럼

나를 구경하는 거울 속에 앉아 먼 곳을 보고 있다 도둑맞은 꿈처럼 사라져 버린 관광객들을 녹이면 숲이 아름다운 다른 마을이 펼쳐질까

스텝

마주 보고 빙글거리는 심장들에서
엇박자의 구름들이 흘러나온다

네 발등 위에 쌓인 내 발바닥들은 꼬여버린 길들이어서 폐기되어야 하는 플라밍고 해바라기 좀처럼 바뀌지 않는 내 스텝 때문에 자주 밟히는 너는 내 심장을 겨누는 총구

잘못 들어온 방처럼
후다닥 발을 빼는 순간

몸은 기울어지고 함께 무너질 운명 앞에서 슬쩍 한 손을 잡고 돌리며 푹푹 꺼지는 길들을 되짚어 따라오고, 따라가는 꼭 그만큼의 스텝 안에서

안개는 흘러가고
웨이브가 풍성한 머릿결 같은 리듬이 밀려와
출렁이며

뒷골목 장미 화단 위로 쏟아지는 햇빛은 아무 잘못이 없고
정오는 담담한데

스텝은 엉키고
스텝은 스텝을 흩어놓으며
스텝으로부터 멀어져

나는 파란 지붕 아래 서서 비를 맞으며, 거울을 열고 들어가 처음부터 다시 밟고 밟히며 발목이 붓도록 연습을 해야 알게 되는 이상한 스텝

알고 보면 나의 스텝은 처음부터 없는 것

먼 기슭을 떠나와 너에게 안겨 너에게 배운 것
제멋대로 돌아가는 세계처럼

소문

자고 일어나면
털은 길어지고 또 길어졌다

어떤 징후처럼
부작용처럼

이마 밑으로 내려와 우리의 모든 날들을
덮어갔다

기어코
입속에도 털이 나기 시작했다
삼킬 수도 없는 털 뭉치 때문에
목이 메었다

귓구멍 속으로 흘러들어 가는 털 때문에
기가 막혔다

털을 걸치고

털을 묶고
털을 끌고 다녔다

털을 어쩌지 못하고
털에 걸려 넘어졌다

왈칵

털 속에 가려졌던
맨 얼굴이
쏟아져 나왔다

마침표들이 내린다

쏟아진다

깨지고 흩어지고 흐르다 사라지는 것들

검은 비가 오는 밤

하늘로 올라간 영혼들이 내린다 떠나간 지상의 모든 흔적들 위로 꼭지에서 떨어지는 사과처럼 어둠으로 뭉쳐진 동그란 기호들이 내린다

지붕을 두드리며 나무 밖으로 악몽 속으로 질리도록 안색이 변한 자매들이 신발도 없이 어깨 위에 새를 얹고 주먹을 쥔 채,

언니 비 맞지 마요
끝난 게 아니에요

마침표는 또 다른 길로 향하는 비의 문장을 데리고 온다

점 밖으로 넘치려는 얼굴
혼자 굴러가는 공
쥐구멍

먹물투성이 까만 머리통들이 내린다 사선으로 비껴가는 고백처럼 함께 소유했던 창문을 타고 표정 밖으로 한 사코 부인하는 입술을 때리며

하나의 점 속에 충만한 하나의 인생들이
방울방울

복식조

너는 나를 구멍이라 했다 네트를 넘어오는 공을 나는 번번이 놓치고 만다 쥐었다고 생각한 순간 사르르 손에서 맹물이 빠져나가듯 내게서 뚫리는 구멍 속으로 너는 핀잔과 질책을 밀어 넣는다 나는 내가 구멍인 것도 모른 채 구멍 속에서 살았다 점점 커져만 가는 구멍을 메우기 위해 거리와 구도와 방향에 대해 집중한다 가끔씩 바람결로 빚은 스매싱과 어색한 웃음을 끌어다 구멍 속에 밀어 넣으면 눈먼 악어가 태어나고 푸른 안개가 피어올랐다 경계에서 빛나는 네트가 검게 녹아내리고 발기된 깃털들이 구멍 속으로 떨어져 내렸다 사람들은 구멍 때문에 망하고 구멍 속으로 빠져나가는 진실 때문에 우리는 유지된다고 말한다 너는 나를 대체할 최고의 공 실력자를 구하기 위해 떠나고 나는 나를 내버려두기로 한다 나의 빈 곳으로 넘어온 공이 내 안에 쌓일 때마다 네트 너머 저쪽은 하이파이브와 환호로 붉게 상기되었다 내 안의 공은 곧 저쪽의 구멍을 향해 날아갈 것이므로 나는 그냥 웃었다 구멍은 알 수 없는 곳에서 피고 지기를 반복한다

화상회의

물 한잔 가지러 주방으로 간 사이 그녀가 화면 속으로 들어왔다 청색 모자를 쓰고 고개를 숙이고 다른 곳을 보고 있다 그녀의 배경이 조금 흔들린다 그녀는 기하학무늬와 물방울무늬 사이에 앉아 있다 이쪽을 골똘히 응시하다가 화면 밖으로 나가 모자를 바꿔 쓰고 다시 들어온다 그녀는 배경을 노을로 바꾼다 지리멸렬한 여기와 낡은 배후를 가릴 수 있는 풍경이면 충분하다고 생각한다 화면 속 그녀가 나를 보고 있다 나는 그녀가 바라보고 있는 곳에서 그림이 된다 나의 배후는 맨홀 뚜껑이 그려진 환멸이다 도망가는 사슴을 추격하는 사자의 벌어진 아가리다 질질 흘러내리는 핏물이다 무너져 내리는 담장이다 흙더미 속에 갇힌 어둠이다 나는 나의 등 뒤에서 무슨 일이 일어나는지 도무지 알 수가 없다 '내 말이 잘 들리나요' 노을 속 그녀가 자꾸 묻는다 나는 대답한다 '배경이 예쁘네요'

도약

음악 속으로 들어갔다

잘 구워진 빵처럼 고소한 냄새를 풍기며 목젖은 부풀어 오르고 반복되는 리듬의 중간을 잡고 솔과 라를 들어 올리자 뜨거운 정오의 햇살이 튕겨 오른다

나는 항상 미에서 도약을 꿈꾼다

도망가는 토끼 귀를 잡아당겨
나의 미를 밀어 넣는다
물결처럼 솟아오르는 숲은 너에게 흘러가고

쿵. 짝!

이 맞지 않는 네 속으로 토막토막 썰린 나의 숨을 불어 넣는다 낮은음자리 곁에서 틱틱 나무들의 나이테는 헛돌며 뚱뚱해진다

비가 내리는 숲은 금세 어두워지고
너는 쿵만을 반복한다

날아오르기 위해 맨 처음의 도를 힘껏 움켜쥐고 도움닫기를 한다
숲을 뛰어넘어 너에게

입구가 없는 공중을
높이

한 사람의 곡조가 저물고
호흡이 어긋나는 방향에서 또 한 사람이 오고 있다

진흙처럼 캄캄한 목젖을 매달고
맨발로

| 해설 |

겹쳐진 현실 너머로

남승원(문학평론가)

1. 겹의 눈을 가진 시인

인간의 감각 기관들은 생물학적 기능을 수행하는 동시에 또 다른 차원의 역할과 결부되어 있다. 예를 들어, 눈을 중심으로 하는 시각이 근대 사회로의 발전을 촉진하는 결정적인 요소였다는 사실은 잘 알려져 있다. 20세기 과학기술의 방향성이 인간의 '시각'을 확장하고 극대화하는 데에 초점이 맞추어져 있던 것 역시 같은 차원에서 이해해볼 수 있다. 이처럼 시각이 우위를 차지하게 되면 밀접한 접촉에서 비롯하던 감각의 교환은 더 이상 발생하지 않게 된다. 짐멜의 지적대로 근대적 공간인 도시에서 살아가는 사람들이라면 이제 개별적 공간을 유지한 상태에서 우연한 마주침을 통해 서로를 '보는 것'만으로도 새로운 관계를 형성하기에 이른다.

다른 한편 시각적 주체로서 개인의 자아 감각은 보는 행위와의 직접적인 연관을 넘어 훨씬 더 풍부해지게 된다. 보이는 것은 곧 보이지 않는 것에 대한 사고를 확장하게 만들거나, 눈앞에 드러난 것들은 필연적으로 그 이면에 감추어진 것에 대해 고려하게 만들기 때문이다. 이처럼 시각은 겉으로 드러난 것들을 포착한 뒤 그것의 객관적 명확성을 인지하는 기능인 동시에 그 이면에 존재하고 있는 심층의 영역으로 우리를 이끈다.

채수옥 시인의 세 번째 시집 『덮어놓고 웃었다』를 살펴보기 이전에 먼저 확인해보자 하는 것은 이처럼 우리의 감각이 그것과 직접적으로 연관된 하나의 정보에만 국한되지 않는다는 사실이다. 특히 채수옥 시인의 경우 선명한 시각적 이미지들을 동원해서 대상을 포착해내고 또 그것을 다양화하면서 독자들에게 하나의 감각에 국한되지 않도록 보다 강렬하게 전달하는 방식으로 자신의 시적 인식을 드러내고 있다.

가령, 앞선 시집 『오렌지는 슬픔이 아니고』(파란, 2019.)에서 「오카리나」를 다시 한 번 확인해보자. 여기에서 시인은 시적 대상으로 '오카리나'를 바라보고 있는데, 악기의 모양과 또 그것이 연주되면서 소리가 퍼져나가는 상황을 '새'에 빗대어 그려나간다. 실제 오카리나가 거위의 형상에서 비롯한 악기라는 점을 떠올린다면 시인의 인식은 보편적인 차원에서 먼저 친숙하게 다가오기도 한다. 하지만 단순한 외양의 유사성에 집중하는 것이 아니라 시적 주인공인 "그녀"의 체험을 통해서 그려지고 있다는 점에 주목할 필요가 있다. '그녀' 때문에 오카리나는 단순한 사물이 아니라 "물을 주"어가면서 기르는 행위를 통해 반려의 존재로 인식되며, 따라서 오카리나의 소리는 '그녀'가 자신과 닮은 "목소리들"로 키워낸 삶의 결과물이 된다.

이처럼 악기의 형상이나 그것이 연주되는 상황들은 여성으로서 경험하는 삶의 모습들과 자연스럽게 겹쳐지면서 하나의 컨텍스트로 의미화된다. 요컨대 오카리나를 바라보고 있던 시선이 '그녀'를 다시 한 번 관통하게 되면서 소재로서의 대상이 가지고 있던 특징을 넘는 것처럼, 결국 또 다른 의미의 공간으로 이끄는 감각이 바로 채수옥 시인만의 인식 구조를 만든다고 할 수 있다.

> 바구니에서 구르고 있는 이 목소리는 누구의 것인가 언젠가 들었던 것 같은, 선홍빛 잇몸 사이에서 쏟아지는 학대받는 빗소리
>
> 기울어진 코와
> 안개가 흘러나오는 입술
> 뼈를 뒤집는 눈빛

나야 나

기억나지 않는 잠 속을 날아다니는 유령들, 문 닫은 동물원, 울고 있는 토마토, 모자 쓴 구름들 사이,

더욱 간절해지는 얼굴

너의 안면이 장애이거나
이곳이 장애이거나

서로를 알아볼 수 없는 얼굴들이 마주앉아 함께 밥을 먹으며, 꼭 만났던 사람 같은 기분으로 희미하게 웃으며

–「겹겹」 부분

작품에 담긴 내용을 구성해본다면 오랜 시간이 지난 뒤 우연한 만남의 장면이 그 중심에 있다는 것을 알 수 있다. 하지만 앞서 살펴본 채수옥 시인의 인식 구조가 어떻게 시적으로 드러나고 있는지에 대해서 보다 집중을 해보자. 처음 누구인지 기억을 더듬게 만든 “목소리”는 금세 “빗소리”와 겹쳐지게 된다. 그러면서 비에 얼룩진 창문을 통해 바깥을 보게 되듯이 그 목소리의 주인공 얼굴을 명확히 인식하지 못하게 된다. 인물 간의 만남과 서로의 정보를 확인하는 과정이라면 별다른 연관을 찾기 힘들었을 ‘유령,

동물원, 토마토, 구름' 등의 개입 역시 이와 같은 감각의 전이 속에서 자연스럽게 이루어진다. 말하자면 상대방을 확인해야 하는 순간 시인은 그것이 더욱 불가능해지는 역설적인 상황으로 우리를 이끌고 있는 것이다. 상대를 확인할 수 없다면 소통이 불가능하거나, 또는 처음부터 서로의 기억에 대한 오류로 빚어진 오해의 장면이 되어야 할 것이다. 그렇다면 "서로를 알아볼 수 없는 얼굴들이 마주앉아 함께 밥을 먹"게 되는 장면을 우리는 어떻게 이해할 수 있을까.

감각의 전이와 뒤섞임이 만들어내는 이같은 상황을 일종의 "장애"라고 부르는 시인의 말에 주목해보자. 예술가이면서 동물운동, 장애운동가인 수나우라 테일러는 자신의 저서 『짐을 끄는 짐승들』(이마즈 유리 옮김, 오월의 봄, 2020.)에서 그간 '장애'를 비정상 또는 결함으로 여겨온 것이 우리 사회가 '비장애중심주의'로 구성되어 왔기 때문이라고 지적한다. 인간의 도덕과 사회적 가치를 추구해 온 많은 노력들이 '공동체'를 구성하는 데에 초점을 맞추고 있으면서도 정작 그 안에 장애를 포함하는 것은 전혀 고려하지는 않았다는 것이다. 따라서 그는 '불구(crip)'를 하나의 개념으로 내세우면서 장애와 연관된 취약성이나 약함(weakness)에서 필연적으로 발생하는 상호의존의 가치를 중심으로 우리의 기존 인식이 전면적으로 재구성되어야 함을 역설한다. 관절굽음증이라는 선천적 질병을 가지고 있기도 한 테일러는 자신의 보조견과의 관계를 예로 들면서 '장애'가 중심이 된다면 인간과 동물의 관계조차 어떤 구별도 전혀 필요 없이 서로에게 필수적인 존재로 관계 맺을 뿐이라는 것이다.

그렇다면, 보통의 관계 속에서 상대방을 이해하고 확인한다는 것은 자신의 경험이나 관점을 중심에 둔 오해의 과정과 다르지 않다. 그와 반대로 「겹겹」이 보여주는 '장애의 상황'이란 인식의 주체로서 스스로 가지고 있었던 기존의 관념들이 더 이상의 기능을 중지하고 서로가 서로에게 "더욱 간절해지는" 마음만으로 소통이 가능한, 새로운 관계의 가능성을 시사한다. 「겹겹」에서 마주한 인물들이 좀처럼 서로의 존재를 확인해 나가지 못하는 장면은, 앞서 살펴본 테일러의 논의에 빗대어, 자기동일성에 빠져 있던 주체가 그 인식을 벗어나는 과정으로 이해해볼 수 있게 되는 것이다. 이와 같은 감각의 전이를 통해 또 다른 가능성의 영역을 보여주는 채수옥 시인의 특징적 인식은 제목에서 명확히 드러나고 있는 것처럼 그가 가진 '겹의 시선'에서 비롯한다.

마주 보고 빙글거리는 심장들에서
엇박자의 구름들이 흘러나온다

네 발등 위에 쌓인 내 발바닥들은 꼬여버린 길들이어서

폐기되어야 하는 플라밍고 해바라기 좀처럼 바뀌지 않는 내 스텝 때문에 자주 밟히는 너는 내 심장을 겨누는 총구

잘못 들어온 방처럼
후다닥 발을 빼는 순간

몸은 기울어지고 함께 무너질 운명 앞에서 슬쩍 한 손을 잡고 돌리며 푹푹 꺼지는 길들을 되짚어 따라오고, 따라가는 꼭 그만큼의 스텝 안에서

(…중략…)

나는 파란 지붕 아래 서서 비를 맞으며, 거울을 열고 들어가 처음부터 다시 밟고 밟히며 발목이 붓도록 연습을 해야 알게 되는 이상한 스텝

알고 보면 나의 스텝은 처음부터 없는 것

먼 기슭을 떠나와 너에게 안겨 너에게 배운 것
제멋대로 돌아가는 세계처럼

—「스텝」 부분

이 작품은 앞서 살펴본 '겹의 시선'이 시적 대상을 어떻

게 상징적으로 재현하는지를 잘 보여주고 있다. 춤추기에서 먼저 '스텝'은 춤을 추는 행위가 가능할 수 있도록 만들어주는 기본적 자질이다. 각각의 춤 종류에 맞추어 정해져 있는 스텝의 기본은 플로어에 서기 이전에 반드시 어느 정도 익혀두어야 하는 것은 당연하게 여겨진다. 이후 파트너와의 호흡을 맞추며 춤추기를 할 때에도 스텝은 두 사람의 행위를 조화롭게 만들어주면서 동시에 춤 자체를 끊이지 않고 지속해 나갈 수 있게 만들어주는 원동력이기도 하다. 만일 우리 삶의 모습과 '스텝'을 비교해본다면 사회 속에서 조화롭게 살아가기 위해 습득해야 할 가장 기본적인 도덕 관념이나 기초적인 지식 체계와 견주어 이해할 수 있겠다.

하지만 시인이 '스텝'을 주목하고 있는 이유는 완성도를 높이기 위해서가 아니라 "내 스텝 때문에 자주 밟히는 너" 때문이다. 통상적인 춤의 습득 과정에서 이와 같은 실패의 순간은 '스텝'에 대한 중요성을 다시 한 번 강조하거나 또는 책임 소재를 분명히 가려야 할 이유가 될 것이다. 그러나 시인은 사회적 합의가 만들어 둔 '스텝'의 유용성 자체를 거부하면서 배제의 기준으로 작동하는 그 폭력성을 발견해낸다. 하나의 완벽한 기준이 존재할 수 없다는 것을 잘 알고 있으면서도 사회적 합의라는 명목으로 모두가 동참하고 있던 우리 사회 이면의 작동원리라고 할 수 있다. 이제 '스텝'을 익히기 위한 노력이나 그것의 습득 정도를 기준으로 상대방을 판단하는 것이 아니라, 완성되지 않은 서로를 보완해가면서 "너에게 안겨 너에게 배"우는 것이 가능한지의 여부가 중요해진다. 이처럼 채수옥 시인의 시선은 기존 인식 체계나 질서의 오작동을 두려워하지 않고 새로운 가능성으로 과감한 도약을 향하고 있다.

2. 복수(複數)의 관계들

겉으로 드러난 명료함을 산란시키고 불투명하게 만드는 채수옥 시인이 특정 소재들을 다루는 방식은 흥미롭다. 특히 '유리'는 「서른아홉」이나 「유리의 시간」, 그리고 「화상회의」 등의 작품에서 중요하게 등장한다. 소재로서의 유리는 보편적으로 주인공의 내면을 투영하거나 또는 안과 밖의 경계를 인식시키면서도 그 위치에 따라 양쪽 모두를 투명하게 관찰할 수 있는 계기로 사용된다. 하지만 비대면의 상황이 자연스러워진 지금의 현실을 반영한 「화상회의」에서 볼 수 있는 것처럼 시인에게 '유리(렌즈)'는 오히려 서로의 소통을 불가능하게 만드는 정반대의 사물로 사용한다. 또는 「서른아홉」에서는 처음부터 '비에 젖은 창문'을 등장시키는데 모든 것을 "희미한" 상태로 만드는 이 '유리(창)'는 결국 그것을 바라보고 있는 주체의 시선을 무력화시키고 그 너머의 모든 대상들을 가장 자유로운 상태 그대로 존재하는 것을 가능하게 만들기도 한다.

『덮어놓고 웃었다』의 많은 작품들이 '가족'과 같은 관계의 문제와 가장 깊이 결부되어 있는 점도 시인의 특징적 시선을 고려해본다면 당연한 것으로 이해해볼 수 있다. 가족은 우리가 경험하게 되는 모든 관계와 인식의 첫 장이면서 가장 내밀한 감정들을 그대로 주고받는 것이 가능하다는 보편상을 가지고 있다. 동시에 가족은 자신이 경험하는 방식을 어느 누구에게라도 완전히 동일하게 설명할 수 없는 특수상이기도 하다. 프로이트와 엥겔스가 각각 심리적, 역사·사회적 차원에서 지적했던 것처럼 가족이야말로 가장 근원적인 차원에서 최초로 작동하는 억압 구조를 '겹'으로 가진 체계라고 할 수 있다. '돼지우리'를 소재로 하고 있는 「우리는 우리(籬)를 구성한다」에서 구성원들을 보호하기 위한 것으로 여기던 '우리(籬)'가 우리 스스로를 억압하는 근원이라는 사실을 폭로하는 것도 바로 이와 같은 시인의 인식을 상징적으로 보여준다.

> 꼬치전을 만들었다 명절이므로 길고 가느다란 나뭇가지에 대파를 끼우고 햄을 끼우고 대파를 끼우고 맛살을 끼우고 대파를 끼우고 느타리버섯을 끼우고 커튼처럼 길게 늘어뜨린 나뭇가지에 노을이 끼워지고, 모퉁이 뒤 빨간 지붕이 끼워진 채 나란히 앉아 텅 빈 아버지 옆에 엄마, 사이에 오빠와 나 옆에 동생들이 한 나뭇가지에 끼워져 밀가루를 뒤

집어쓰고 허옇게 흩날리며 미끄러지다, 계란 물에 몸을 적시고 눈물 콧물 흘리며 뜨거운 프라이팬 위에서 지글지글, 징글징글 가늘고 얇은 나뭇가지 하나 벗어나지 못한 채 한 줄에 꿰어 비좁은 옆을 탓하고 수상한 냄새를 역겨워하며, 꿰뚫어진 서로를 증오하다 소식을 끊고 꼬치가 익어갈 즈음 한 줄이었음을 깨닫고, 한 줄을 원망하며 대파 다음 햄, 대파 다음 맛살처럼 텅 빈 아버지 옆에 엄마, 사이에 오빠와 나 옆에 동생들이 가늘고 얇은 가지에 꿰어진 채 지글지글 징글징글

–「친밀한 타인」 전문

정신분석학적 관점에서 억압된 것들의 무대인 무의식, 그리고 무의식과 가장 깊이 연관된 감정인 'Unheimlich'는 영화 등의 문화산업에도 널리 활용되면서 우리에게 잘 알려져 있다. 가장 친숙한 공간인 '집(heim)'에서 느끼는 편안한 감정이 정반대로 두려울 정도의 낯선 감정과 결부되는 이 느낌은 흔히 영어 'uncanny'로 번역되어 사용하기도 한다. 이 작품에서 채수옥 시인은 이와 같은 친밀하고도 낯선, 그래서 섬뜩하기까지 한 감정의 면모를 뛰어나게 형상화하고 있다.

작품의 처음부터 우리는 "꼬치전"을 만드는 시공간적 배경에 쉽게 이입된다. "명절" 준비를 하기 위해 모두 모여 있는 집은 그야말로 가장 친숙한 공간이기 때문이다. 하

지만 모임의 목적 자체가 이 세상에 존재하지 않는 선대의 조상에서 비롯한다는 점을 떠올린다면 '명절의 집'은 곧 억압으로 구조화되어 있다는 사실을 알 수 있다. 차례에 쓰일 대상인 "꼬치전"이 그대로 가족 구성원과 겹쳐지는 것이 자연스러운 상징이 되는 것도 이 때문이다. 특히 "가느다란 나뭇가지"에 하나로 "끼워지"는 가족들의 모습은 명절을 맞아 한자리에 모인 정겨움과도 관련이 있지만, 동시에 "수상한 냄새를 역겨워하"거나 "한 줄"에 억지로 "꿰뚫어진 서로를 증오"하는 잔혹 동화와 같은 장면을 연출한다.

'가족'이라는 익숙한 대상에 주목하면서도 그 이면의 억압된 것들을 끄집어내는 채수옥 시인의 시선은 「원형극장」을 비롯해서 「캐리어 사용법」과 같은 작품에서도 확인할 수 있다. 가령, 「캐리어 사용법」에서는 가족 관계에서 비롯하는 다양한 감정들을 고스란히 담고 있는 '캐리어'가 등장하고 있는데, 그 때문에 '캐리어-가족'을 "감옥"처럼 느끼기도 하지만 여행을 나선 사람의 입장에서라면 어쩔 수 없이 '캐리어-삶'과 동반할 수밖에 없는 모습을 보여주고 있다.

「원형극장」에서도 마찬가지이다. 시인은 '사과'를 중심 소재로 삼은 뒤, "벌레"를 안에 품고 자신의 살을 내주면서 익어가는 '사과'와 "사과를 팔며" 가족의 생계를 이어가는 사람의 이야기를 겹쳐둔다. 그리고 "리어카 가득" 담겨 있던 사과가 조금씩 조금씩 팔려나가는 형상을 "원형극장"으로 상징화하고 있는데, 속이 조금씩 파먹혀 들어가면서 자라는 '사과'와 생계를 책임진다는 것이 곧 자신의 욕망을 허물어 나가는 일이라는 의미가 '원형극장'의 이미지 안으로 집중된다. 나아가 하나의 연기처럼 "특수분장과 대본"이 없다고 해도 주어진 역할에 맞게 "열연"을 하는 것이 우리의 삶이라는 사실이 "원형극장" 위에 펼쳐진다.

여주행 버스를 탔을지 모른다 조물조물 콩나물을 무치고 있을지 모른다 앞치마를 말아 쥐고 구두를 닦고 있을지도 모른다

죽은 아버지가 여주에서 콩나물 무침을 먹고 윤이 나는 구두를 신고 태화공업사로 출근 중인지도 모른다

엄마는 끝없이 여주로 가는 중이다 어제부터 여주로 가고 있었는지도 모른다 태초부터 여주행 버스를 기다리고 있었는지 모른다

(…중략…)

죽은 아버지가
엄마 앞에 엄마 뒤에 엄마 옆에 엄마 위에 엄마 밑에 있고

우리는 없는 아버지를 들고
사라진 엄마를 쥐고
아버지를 벗어나고 있는지도 모른다

—「엄마가 사라졌다」 부분

가족의 이면을 관통함으로써 그것의 억압적 구조를 드러내는 시인의 시선이 가족의 의미를 부정한다는 뜻으로 받아들이지 않도록 주의해보자. 앞서 살펴본 것처럼, 채수옥 시인이 보여주는 '겹의 시선'은 언제나 새로운 관계의 가능성을 향하고 있다. 이를 위해 시인은 기존 가치나 관습적 의미들에 가장 많이 빚지고 있는 '가족'을 그 처음에 놓고자 하는 것이다.

이 작품에는 기억이 사라져가는 '엄마'가 중심에 등장한다. 현실에서라면 질병의 문제로만 다루어지고 말겠지만, 그 이면을 향하는 시인의 시선은 바로 그 사라져가는 '엄마'의 기억을 하나하나 따라가면서 복원하는 것이 가능해진다. 우리가 이 작품에서 아름다움을 느끼는 이유도 여기에 있다. "조물조물 콩나물을 무치"거나 "앞치마를 말아쥐고 구두를 닦"는 장면들은 우리의 기억 속에도 존재하는 것으로 쉽게 인식될 수 있기 때문이다. 시인은 그렇게 "죽은 아버지"와 함께 살던, 그래서 가장 행복을 누리며 살아갔을 "여주"라는 공간을 '엄마'에게 다시 되돌려준다.

그리고 나아가 '엄마'의 기억을 독자들과 공유하는 데에 성공한다.

3. 아름다운 도약

『덮어놓고 웃었다』에서 우리는 '겹'을 들추어내는 채수옥 시인 특유의 시선을 통해 구체적인 사물이나 친숙한 관계들의 이면에 존재하는 또 다른 세계의 모습을 확인해 볼 수 있다. 이를 통해 때로는 익숙함에 기대어 우리가 전혀 인지하지 못했던 현실의 억압과 폭력을, 또 일상의 시간 속에서 무심히 지나치던 아름다움을 들추어 내기도 한다. 이처럼 시인은 누구보다 현실에 대해 명확한 감각을 가지고 있지만 그것에 머물지 않고 언제나 "도약을 꿈꾼다"(「도약」). 우리가 일반적으로 미숙하거나 약점을 가진 상대방을 놀리듯 부르는 "구멍"이라는 단어를 새롭게 '도약'시키는 다음의 작품을 살펴보자.

너는 나를 구멍이라 했다 네트를 넘어오는 공을 나는 번번이 놓치고 만다 쥐었다고 생각한 순간 사르르 손에서 맹물이 빠져나가듯 내게서 뚫리는 구멍 속으로 너는 핀잔과 질책을 밀어 넣는다 나는 내가 구멍인 것도 모른 채 구멍 속에서 살았다 점점 커져만 가는 구멍을 메우기 위해 거리와 구도와 방향에 대해 집중한다 가끔씩 바람결로 빚은 스매싱과 어색한 웃음을 끌어다 구멍 속에 밀어 넣으면 눈먼 악어가 태어나고 푸른 안개가 피어올랐다 경계에서 빛나는 네트가 검게 녹아내리고 발기된 깃털들이 구멍 속으로 떨어져 내렸다 사람들은 구멍 때문에 망하고 구멍 속으로 빠져나가는 진실 때문에 우리는 유지된다고 말한다 너는 나를 대체할 최고의 공 실력자를 구하기 위해 떠나고 나는 나를 내버려두기로 한다 나의 빈 곳으로 넘어온 공이 내 안에 쌓일 때마다 네트 너머 저쪽은 하이파이브와 환호로 붉게 상기되었다 내 안의 공은 곧 저쪽의 구멍을 향해 날아갈 것이므로 나는 그냥 웃었다 구멍은 알 수 없는 곳에서 피고 지기를 반복한다

—「복식조」 전문

두 명이 한 팀이 되어 진행하는 운동경기에서라면 "구멍"은 같은 팀에 피해를 줄 수도 있다는 점에서 혼자 치르는 경기에서보다 중요한 문제라고 할 수 있다. 경기에 참여하는 선수라면 '구멍'이 되지 않기 위해 지속적인 훈련을 거치는 것은 당연하고, 훈련의 결과가 어느 정도 수준에 도달해야 함은 경기 참여의 전제조건이기도 하다. 하지만 작품 속의 '나'는 스스로를 "구멍인 것도 모른 채 구멍 속에서 살"아가고 있다. 따라서 '구멍'은 상대방의 "핀잔과 질책"을 불러일으키지만, '나'는 그것을 없애거나 메꾸기 위

해 부단한 노력을 하지도 않는다. 오히려 '나'는 경기보다 "구멍" 자체에 집중하면서, 스스로를 구멍으로 "내버려두기로" 결정한다.

이처럼 채수옥 시인의 시선은 타인에 의해 약점으로 불리던 것이 오히려 자신의 정체성을 대변하기에 이르는 아름다운 '도약'을 만들어낸다. 그리고 이와 같은 도약을 통해 우리는 "저쪽의 구멍"에도 처음으로 관심을 기울이게 된다. 이제 양쪽 모두에서 "점점 커져만 가는 구멍"들은 누구도 승자가 아니며, 아무도 패자로 만들지 않는 경기를 가능하게 만든다. 그것은 아무리 공정한 기준을 세우기 위해 노력한다고 해도 수많은 패자를 양산하는 우리 현실에서 처음으로 해보는 가장 아름다운 상상일 것이다.

시인수첩 시인선 056
덮어놓고 웃었다

초판 1쇄 발행 2022년 3월 31일
초판 2쇄 발행 2022년 9월 19일

지은이 | 채수옥
발행인 | 이인철

펴낸곳 | (주)여우난골
주 소 | 서울특별시 강남구 언주로30길 27, 606호 (도곡동 우성리빙텔)
전 화 | 02-572-9898
팩 스 | 0504-981-9898
등 록 | 2020년 11월 19일 제2020-000328호

블로그 | blog.naver.com/seenote
이메일 | seenote@naver.com

ISBN 979-11-976430-4-0 03810

이 시집은 2020년 한국문화예술위원회 아르코문학 창작기금 지원사업에 선정되어 발간되었습니다.

이 시집은 〈2022년 문학나눔 도서보급사업〉에 선정되었습니다.